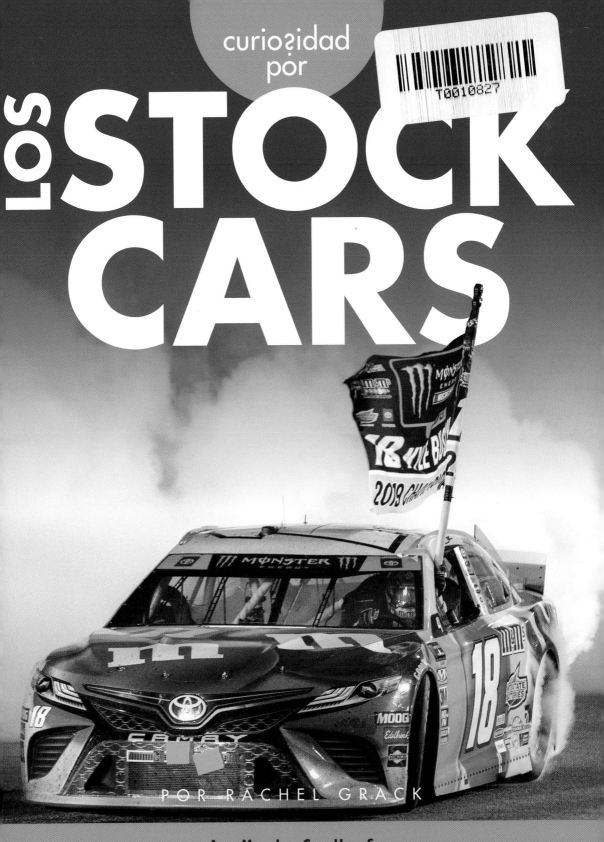

curiosidad por

LOS STOCK CARS

POR RACHEL GRACK

AMICUS

¿Qué te causa

curiosidad?

CAPÍTULO TRES

Sobre la pista
PÁGINA
14

Curiosidad por es una publicación de Amicus
P.O. Box 227, Mankato, MN 56002
www.amicuspublishing.us

Gillia Olson y Alissa Thielges, editoras
Kathleen Petelinsek, diseñadora
Bridget Prehn, investigación fotográfica

Library of Congress Cataloging-in-Publication Data

Names: Koestler-Grack, Rachel A., 1973- author.
Title: Curiosidad por los stock cars / by Rachel Grack.
Other titles: Curious about stock cars. Spanish.
Description: Mankato, Minnesota : Amicus, [2023]
| Series: Curiosidad por los vehículos geniales
| Translation of: Curious about stock cars.
| Includes bibliographical references and index.
| Audience: Ages 6–9. | Audience: Grades 2–3.
| Summary: "What's it really like to drive in a
stock car race? Loud and hot! Appeal to budding NASCAR
fans with this Spanish question-and-answer book covering
stock car parts, tracks, races, and what it's like behind the
wheel. Simple infographics draw in visual learners. Includes
table of contents, glossary, index." —Provided by publisher.
Identifiers: LCCN 2021055479 (print)
| LCCN 2021055480 (ebook) | ISBN 9781645494621
(hardcover) | ISBN 9781681528793 (paperback)
| ISBN 9781645494683 (ebook)
Subjects: LCSH: Stock cars (Automobiles)–Juvenile
literature. | Stock car racing–Juvenile literature.
Classification: LCC TL236.28 . K6418 2023
(print) | LCC TL236.28 (ebook)
| DDC 629.228/5–dc23/eng/20211227

Créditos de las imágenes © Shutterstock/Grindstone Media
Group cover, 1, 2 (both), 3, 5, 6–7, 11, 15 (top); AP/
Associated Press 8–9; Alamy/Motoring Picture Library 10;
Shutterstock/Jonathan Weiss 12–13; Shutterstock/action
sports 16, 20–21; Shutterstock/hxdbzxy 17 (checkered
flag); Shutterstock/Alexey V Smirnov 17 (green, red,
white, yellow flags); Getty/Jon Feingersh 18–19

Impreso en los Estados Unidos de America

¿Qué son los stock cars?

«Stock» antes significaba un auto recién salido de la fábrica. Los pilotos los usaban en las carreras. Les cambiaban piezas para hacerlos más ligeros y veloces. Actualmente, la mayoría de la gente piensa en un stock car de la **NASCAR**. Se ve como un auto normal. Pero todo el auto está personalizado.

Los stock cars compiten en la NASCAR Cup Series, el nivel más alto de las carreras.

¿Qué tan rápidos son los stock cars?

Stock cars pasan a toda velocidad en la Daytona 500, en 2017.

¡Los stock cars pueden ir a toda velocidad!
¿Qué tan rápido van? ¡Pasan de 0 a 60 millas (97 km) por hora en 3,4 segundos! Los stock cars alcanzan más de 200 millas (322 km) por hora durante las carreras. Al dar vuelta, ¡los pilotos sienten tanta fuerza como durante el lanzamiento de un cohete!

¿Cuándo fue la primera carrera de stock cars?

La primera vuelta de una carrera en 1954, en Daytona Beach.

Era el año 1936. El lugar era Daytona Beach, Florida. Los autos llevaban años corriendo en esa playa. Pero esta fue la primera carrera oficial de stock cars. La pista estaba hecha de tramos de arena y de carretera. La carrera era de 241 millas (388 km). Actualmente, la carrera Daytona 500 se realiza cada año.

motor
NASCAR

¿Qué potencia tienen los stock cars?

Los motores de los stock cars producen más de 750 **caballos de fuerza**. Esto es seis veces más que los autos normales. Los stock cars consumen Green E15 con **etanol**. Este combustible aumenta la potencia del motor. Estos autos no tienen **silenciadores**. Esto mantiene al aire en movimiento y añade aún más potencia.

Una cuadrilla de boxes trabaja en un auto durante una parada de boxes.

¿SABÍAS?
6.000 galones (22.712 litros) de combustible se usan en la Daytona 500.

¿Los stock cars usan neumáticos especiales?

Un auto de carreras usa todos estos neumáticos en una carrera.

Sí. Corren sobre neumáticos lisos, sin banda de rodadura. Se agarran a la carretera. Son dos veces más pesados que los neumáticos para autos normales. Los neumáticos pesados mantienen al auto estable. Para una carrera, equipos tienen 10 a 19 pares de neumáticos. ¡Puede costar $24.000 solo por los neumáticos!

¿Cómo se ven las pistas de carreras?

Existen 30 pistas de NASCAR en los Estados Unidos y Canadá. La mayoría son ovaladas y solamente dan vueltas a la izquierda. Las pistas cortas tienen media milla (0,8 km) de longitud. Los supercircuitos tienen más de 2 millas (3,2 km) de largo. Los circuitos en carretera usan las carreteras normales.

Los autos corren en el circuito Charlotte Motor Speedway en Carolina del Norte.

TIPOS DE PISTAS DE NASCAR

Daytona International Speedway, Florida: Supercircuito

Indianapolis Motor Speedway, Indiana: Supercircuito

Darlington Raceway, Carolina del Sur: Circuito

Bristol Motor Speedway, Tennessee: Pista corta

Watkins Glen International, Nueva York:

¿Cómo es una carrera de NASCAR?

Las orejeras protegen los oídos de los fanáticos de todo el ruido.

¡Es muy ruidosa y a veces sucia! Desde que se ondea la bandera verde, el ruido es tan fuerte como el de un martillo neumático. Si asistes a una carrera, lleva tapones para los oídos. Usa lentes de sol, incluso si está nublado. Estos protegerán tus ojos. Es común que salgan volando arena y piedritas de la pista.

VERDE: ¡ARRANCA!
EMPIEZA A CORRER.

AMARILLA: ¡REDUCE LA VELOCIDAD!
ACCIDENTE O PROBLEMAS MECÁNICOS.
MANTENGAN POSICIÓNES
DETRÁS DEL AUTO DE SEGURIDAD.

ROJA: ¡ALTO!
LA PISTA NO ES SEGURA.
SAL DE LA PISTA.

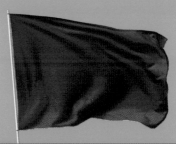

BLANCA: ¡ÚLTIMA VUELTA!
QUEDA UNA VUELTA.

**DE CUADROS NEGROS Y
BLANCOS: ¡META!**
EL AUTO QUE VA ADELANTE HA GANADO.
LA CARRERA TERMINÓ.

Un piloto tiene segundos para reaccionar en caso de accidente.

¿Qué se siente estar en el asiento del piloto?

¡Qué calor! Las temperaturas en el asiento del piloto alcanzan los 120 °F (48.9 °C). Además, los pilotos usan gruesos trajes, cascos y guantes antifuego. Pero los pilotos deben sean tranquilos. Los autos corren muy pegados los unos a los otros. Los pilotos deben pensar y actuar rápido.

Una cuadrilla de boxes se apresura a colocar neumáticos nuevos.

¿Qué sucede durante una parada en boxes?

¿SABÍAS?
La carrera de NASCAR más larga es la Coca-Cola 600. Tiene 400 vueltas.

Los autos salen de la pista. Las **cuadrillas de boxes** esperan con neumáticos, herramientas y combustible. Saltan el muro y se ponen a trabajar. Las cuadrillas deben ser súper rápidas y no cometer errores. ¡Cada cambio de neumático toma solo 0,7 segundos! En 12 segundos, se termina la parada completa.

HAZ MÁS PREGUNTAS

¿Cómo se mantienen a salvo los pilotos durante un choque?

¿Cómo se ve desde el asiento del piloto?

Haz una PREGUNTA GRANDE:
¿Te gustaría conducir un stock car algún día?

BUSCA LAS RESPUESTAS

Busca en el catálogo de la biblioteca o en Internet.
Pueden ayudarte tus padres, un bibliotecario o un maestro.

Usar palabras clave
Busca la lupa.

Las palabras clave son las palabras más importantes de tu pregunta.

Si quieres saber sobre:

- seguridad durante un choque, escribe: SEGURIDAD DURANTE CHOQUE NASCAR

- conducir un auto NASCAR, escribe: PUNTO DE VISTA DE UN PILOTO NASCAR

GLOSARIO

caballos de fuerza Unidad de potencia medida por la potencia de los caballos. Un auto de tamaño promedio tiene aproximadamente 120 caballos de fuerza.

circuito Una pista de carreras ovalada; un supercircuito mide al menos 2 millas (3,2 km) de largo.

cuadrilla de boxes Los miembros de un equipo competidor que reparan el auto.

etanol Combustible hecho con un alcohol de plantas.

NASCAR National Association for Stock Car Auto Racing; NASCAR es la compañía que establece las reglas y realiza las carreras de stock cars.

silenciador La pieza de un auto que filtra el escape y lo silencia.

ÍNDICE

Acerca de la autora

Rachel Grack corrige y escribe libros para niños desde 1999. Vive en un rancho en Arizona. ¡Siempre le han entusiasmado los autos atractivos! Hubo un tiempo en el que incluso era dueña de un street rod: un Ford Galaxie 500 de 1965. Le encantaba pasearse en él con las ventanas bajas. ¡Esta serie volvió a encender su pasión por los autos!